Jemima Jones E La Gigantesca Giraffa: Storie Bilingue per Giovani Lettori

Pomme Bilingual

Published by Pomme Bilingual, 2024.

JEMIMA JONES E LA GIGANTESCA GIRAFFA: STORIE BILINGUE PER GIOVANI LETTORI

First edition. September 24, 2024.

Copyright © 2024 Pomme Bilingual.

ISBN: 979-8227213389

Written by Pomme Bilingual.

Table of Contents

The Incredible Adventures of Charlie and the Magical Sock 1

Le incredibili avventure di Charlie e il calzino magico 9

Timmy and the Giant Pancake Problem 17

Timmy e il problema dei pancake giganti 25

Suzy and the Incredible Shrinking Adventure 33

Suzy e l'incredibile avventura del restringimento 41

Jemima Jones and the Gigantic Giraffe 51

Jemima Jones e la gigantesca giraffa 59

The Incredible Adventures of Charlie and the Magical Sock

Charlie had a secret. Well, not really a *secret* secret, more like a thing that nobody would ever believe, not in a million years. It was something that even Charlie himself found hard to believe. You see, Charlie had a sock. But it wasn't just any sock—it was a magical sock. And this sock had the ability to transport Charlie to different, wild, and wacky worlds.

But let's start at the beginning.

Charlie was an ordinary boy who lived in a rather ordinary town. His house was in the middle of a row of identical houses, all with matching red brick walls and tiny front gardens that were way too small for proper football games, much to Charlie's annoyance. He lived with his mum, his dad, and his annoying little sister, Rosie, who seemed to think it was her life's mission to drive him absolutely bonkers.

"Charlie! Mum says you have to clean your room!" Rosie yelled from downstairs one Saturday morning, her voice echoing through the house like a foghorn.

Charlie groaned. Cleaning his room was the last thing he wanted to do. He had plans—big plans. He was going to build the most epic fort out of his bedsheets and pillows, the kind that no sibling could ever infiltrate.

"Just five more minutes!" Charlie yelled back, though he knew five minutes was probably all he had before Mum herself came up the stairs with that look. You know, the one that makes you suddenly find cleaning strangely exciting.

Charlie dived into his heap of clothes on the floor, searching for his favourite pair of football socks. But as his hand moved through the mess, it brushed against something weird—something soft, but sparkly. Curious, Charlie pulled it out. It was a sock, but not like any sock he'd ever seen before. It was golden and shiny, with swirls of bright colours that seemed to move all by themselves.

"Whoa..." Charlie whispered to himself, mesmerised by the swirling patterns.

Forgetting all about cleaning, Charlie sat down on his bed and slipped the sock onto his foot. At first, nothing happened, but then—whoosh—the room started to spin! Colours swirled around him like he was stuck inside a kaleidoscope. The bed, the floor, even his annoying pile of clothes vanished.

Charlie blinked. When he opened his eyes, he wasn't in his room anymore.

He was standing in the middle of a vast jungle. But this wasn't any ordinary jungle—it was a jungle made entirely of candy! Enormous lollipop trees stretched up to the sky, their trunks twisted with rainbow stripes. The ground beneath Charlie's feet was squishy, like walking on marshmallows, and the air smelled like chocolate.

"Okay, this is officially the coolest thing ever," Charlie said, grinning from ear to ear.

But before he could start munching on the candy around him, there was a loud roar. Charlie turned around to see the biggest creature he had ever laid eyes on—a towering, roaring, jelly bear.

The bear stomped closer, its gummy feet sinking into the marshmallow ground. Charlie's heart raced. He had to do something! Quickly, he remembered the sock—maybe it had more magic to it. He tapped it three times, hoping for something—anything to happen.

WHOOSH!

The candy jungle melted away, and Charlie was suddenly underwater! Giant fish swam past him, blowing bubbles that shimmered like pearls. He was surrounded by a dazzling coral reef, with neon-coloured plants swaying gently in the current. But what really caught Charlie's attention was the mermaid swimming towards him.

"Uh... hi?" Charlie said, trying to keep his cool. After all, it wasn't every day you had a conversation with a mermaid.

"You're in trouble, land boy," the mermaid said, her voice melodious but serious. "You've entered the Kingdom of Fins without permission, and the King doesn't like visitors."

Just as she finished speaking, a deep rumbling came from beneath the water. A massive sea turtle, wearing a golden crown on its head, emerged from the depths. It was the King of Fins!

"You!" the turtle boomed, pointing a flipper at Charlie. "Why have you come to my kingdom?"

"I didn't mean to! I just... uh... used this sock, and now I'm here," Charlie stammered, lifting his foot to show the king the magical sock.

The King of Fins narrowed his eyes. "Aha, the magical sock. It's been a long time since that sock was seen in these parts. You must be careful, boy. It can take you anywhere—anywhere at all—but it doesn't always take you back."

Charlie gulped. "Wait, what do you mean, it doesn't take me back?"

The mermaid sighed. "He means, once you've started hopping between worlds, you might not find your way home so easily."

Just then, Charlie felt a tug on his sock. The colours started swirling again, faster and faster. The underwater world of the mermaid and the sea turtle king vanished in a whirlpool of shimmering light.

WHOOSH!

Charlie landed in a field, but this time the ground wasn't marshmallow, nor was he underwater. In fact, he was... in a giant sock drawer?

The air was thick with the smell of detergent, and towering above him were mountains of socks—striped socks, polka-dotted socks, and even some with holes in them. As Charlie climbed over a giant fuzzy sock, he heard voices.

"We must find the legendary sock!" one voice said.

"It's the key to all dimensions!" another replied.

Charlie peered over the edge of a sock and saw a group of sock puppets, all wearing tiny helmets and brandishing knitting needles like swords. They were marching in formation, clearly on some kind of important mission.

"Oh no," Charlie muttered to himself. "This can't be good."

The sock puppets spotted him. "There he is!" one yelled, pointing a tiny yarn finger at Charlie. "He has the legendary sock! Get him!"

Before Charlie could even think of running, the sock puppets charged toward him, knitting needles raised high. Panicking, Charlie tapped the magical sock again, three quick taps. The world around him began to swirl, but this time, the sock puppets grabbed onto his legs, and they were coming with him!

WHOOSH!

Charlie, the sock puppets, and the swirling colours landed—thud—back in his bedroom. He was on his bed again, surrounded by his familiar messy piles of clothes, with the sock puppets tumbling down onto the floor in a heap.

The sock puppets looked around, confused. One of them, the leader with the biggest helmet, approached Charlie.

"Where... where are we?" it asked, its voice no longer threatening, but rather soft and bewildered.

"This is my bedroom," Charlie said, still in shock that he'd managed to bring sock puppets to his real world.

The sock puppet leader nodded slowly. "I see... this must be the fabled land of... Laundry."

Charlie stifled a laugh. "Yeah, something like that."

Just then, the door burst open, and Rosie walked in. "Mum says—what the—"

Rosie froze, her eyes wide as saucers, staring at the sock puppets. The sock puppets stared back.

"Charlie, what... what are those?" Rosie asked, pointing at the sock puppet army on the floor.

Charlie grinned. "Just some new friends I picked up along the way."

Rosie blinked. "You're so weird."

And with that, she turned and left, muttering something about brothers being completely ridiculous.

The sock puppet leader stood up straight, looking at Charlie with newfound respect. "You saved us from the drawer and brought us to the Land of Laundry. You are our hero."

Charlie chuckled. "Hero, huh? Well, I guess I could get used to that."

The sock puppets saluted Charlie before they scurried into his sock drawer, where they would apparently now live forever. And just like that, everything was back to normal... well, as normal as it could be with a drawer full of magical sock puppets.

Charlie looked down at the golden, swirling sock still on his foot. It had taken him on one wild adventure after another, but for now, he was back in his bedroom.

And as for cleaning his room? Well, that could wait for another day.

Charlie smiled to himself. Who knew what kind of adventure his magical sock would take him on next?

But one thing was for sure—it was never going to be boring.

Le incredibili avventure di Charlie e il calzino magico

Charlie aveva un segreto. Be', non proprio un *segreto* segreto, più che altro una cosa a cui nessuno avrebbe mai creduto, nemmeno in un milione di anni. Era qualcosa che persino Charlie stesso trovava difficile da credere. Vedete, Charlie aveva un calzino. Ma non era un calzino qualunque, era un calzino magico. E questo calzino aveva la capacità di trasportare Charlie in mondi diversi, selvaggi e stravaganti.

Ma iniziamo dall'inizio.

Charlie era un ragazzo normale che viveva in una città piuttosto normale. La sua casa era in mezzo a una fila di case identiche, tutte con muri di mattoni rossi abbinati e minuscoli giardini anteriori che erano decisamente troppo piccoli per delle vere partite di football, con grande fastidio di Charlie. Viveva con sua madre, suo padre e la sua fastidiosa sorellina, Rosie, che sembrava pensare che la missione della sua vita fosse quella di farlo impazzire completamente.

"Charlie! La mamma dice che devi pulire la tua stanza!" urlò Rosie dal piano di sotto un sabato mattina, la sua voce echeggiò nella casa come una sirena da nebbia.

Charlie gemette. Pulire la sua stanza era l'ultima cosa che voleva fare. Aveva dei progetti, grandi progetti. Avrebbe costruito il fortino più epico con le sue lenzuola e i suoi cuscini, del tipo in cui nessun fratello avrebbe mai potuto infiltrarsi.

"Solo altri cinque minuti!" urlò Charlie di rimando, anche se sapeva che cinque minuti erano probabilmente il massimo che aveva prima che la mamma in persona salisse le scale con quello sguardo. Sai, quello che ti fa improvvisamente trovare le pulizie stranamente eccitanti.

Charlie si tuffò nel mucchio di vestiti sul pavimento, alla ricerca del suo paio di calzini da football preferito. Ma mentre la sua mano si muoveva nel disordine, sfiorò qualcosa di strano, qualcosa di morbido, ma scintillante. Curioso, Charlie lo tirò fuori. Era un calzino, ma non come nessun altro calzino che avesse mai visto prima. Era dorato e brillante, con vortici di colori vivaci che sembravano muoversi da soli.

"Whoa..." sussurrò Charlie tra sé, ipnotizzato dai motivi vorticosi.

Dimenticandosi completamente delle pulizie, Charlie si sedette sul letto e si infilò il calzino al piede. All'inizio non successe nulla, ma poi—whoosh—la stanza iniziò a girare! I colori gli turbinavano intorno come se fosse incastrato in un caleidoscopio. Il letto, il pavimento, persino la sua fastidiosa pila di vestiti scomparvero.

Charlie sbatté le palpebre. Quando aprì gli occhi, non era più nella sua stanza.

Si trovava in mezzo a una vasta giungla. Ma questa non era una giungla qualsiasi, era una giungla fatta interamente di caramelle!

Enormi alberi di lecca-lecca si estendevano fino al cielo, i loro tronchi intrecciati con strisce arcobaleno. Il terreno sotto i piedi di Charlie era soffice, come camminare sui marshmallow, e l'aria profumava di cioccolato.

"Okay, questa è ufficialmente la cosa più bella di sempre", disse Charlie, con un sorriso che andava da un orecchio all'altro.

Ma prima che potesse iniziare a sgranocchiare le caramelle intorno a lui, ci fu un forte ruggito. Charlie si voltò per vedere la creatura più grande che avesse mai visto: un imponente, ruggente orsetto di gelatina.

L'orso si avvicinò calpestando, i suoi piedi gommosi affondarono nel terreno di marshmallow. Il cuore di Charlie accelerò. Doveva fare qualcosa! In fretta, si ricordò del calzino, forse aveva più magia. Lo picchiettò tre volte, sperando che accadesse qualcosa, qualsiasi cosa.

WHOOSH!

La giungla di caramelle si sciolse e Charlie si ritrovò improvvisamente sott'acqua! Dei pesci giganti gli nuotarono accanto, soffiando bolle che luccicavano come perle. Era circondato da una barriera corallina abbagliante, con piante dai colori neon che ondeggiavano dolcemente nella corrente. Ma ciò che catturò davvero l'attenzione di Charlie fu la sirena che nuotava verso di lui.

"Uh... ciao?" disse Charlie, cercando di mantenere la calma. Dopotutto, non capitava tutti i giorni di conversare con una sirena.

"Sei nei guai, ragazzo di terra", disse la sirena, con voce melodiosa ma seria. "Sei entrato nel Regno delle Pinne senza permesso e al Re non piacciono i visitatori".

Proprio mentre stava finendo di parlare, un profondo brontolio provenne da sotto l'acqua. Una gigantesca tartaruga marina, con una corona dorata sulla testa, emerse dalle profondità. Era il Re delle Pinne!

"Tu!" tuonò la tartaruga, puntando una pinna verso Charlie. "Perché sei venuto nel mio regno?"

"Non volevo! Ho solo... uh... usato questo calzino e ora sono qui", balbettò Charlie, sollevando il piede per mostrare al re il calzino magico.

Il Re delle Pinne socchiuse gli occhi. "Aha, il calzino magico. È da molto tempo che non si vede quel calzino da queste parti. Devi stare attento, ragazzo. Può portarti ovunque, ovunque, ma non sempre ti riporta indietro."

Charlie deglutì. "Aspetta, cosa intendi con non mi riporta indietro?"

La sirena sospirò. "Vuol dire che una volta che hai iniziato a saltare tra i mondi, potresti non trovare la strada di casa così facilmente."

Proprio in quel momento, Charlie sentì uno strattone al suo calzino. I colori ricominciarono a turbinare, sempre più velocemente. Il mondo sottomarino della sirena e del re delle tartarughe marine scomparvero in un vortice di luce scintillante.

WHOOSH!

Charlie atterrò in un campo, ma questa volta il terreno non era marshmallow, né era sott'acqua. Infatti, era... in un cassetto gigante di calzini?

L'aria era densa dell'odore di detersivo e sopra di lui torreggiavano montagne di calzini: calzini a righe, calzini a pois e persino alcuni con dei buchi. Mentre Charlie si arrampicava su un gigantesco calzino peloso, sentì delle voci.

"Dobbiamo trovare il calzino leggendario!" disse una voce.

"È la chiave di tutte le dimensioni!" rispose un'altra.

Charlie sbirciò oltre il bordo di un calzino e vide un gruppo di pupazzi di calzini, tutti con minuscoli elmetti e che brandivano ferri da maglia come spade. Stavano marciando in formazione, chiaramente in una specie di importante missione.

"Oh no," borbottò Charlie tra sé. "Non può essere una buona cosa."

I pupazzi di calzini lo individuarono. "Eccolo!" urlò uno, puntando un minuscolo dito di lana verso Charlie. "Ha il leggendario calzino! Prendilo!"

Prima ancora che Charlie potesse pensare di scappare, i burattini-calzino gli si lanciarono contro, con i ferri da maglia sollevati in alto. Nel panico, Charlie colpì di nuovo il calzino magico, tre rapidi colpetti. Il mondo intorno a lui cominciò a turbinare, ma questa volta i burattini-calzino gli afferrarono le gambe e lo seguirono!

WHOOSH!

Charlie, i burattini-calzino e i colori vorticosi atterrarono—tonfo—di nuovo nella sua camera da letto. Era di nuovo sul suo letto, circondato dalle sue familiari pile disordinate di vestiti, con i burattini-calzino che cadevano a terra in un mucchio.

I burattini-calzino si guardarono intorno, confusi. Uno di loro, il capo con l'elmo più grande, si avvicinò a Charlie.

"Dove... dove siamo?" chiese, con voce non più minacciosa, ma piuttosto dolce e sconcertata.

"Questa è la mia camera da letto", disse Charlie, ancora sotto shock per essere riuscito a portare i burattini nel suo mondo reale.

Il capo dei burattini annuì lentamente. "Capisco... questa deve essere la favolosa terra del... bucato".

Charlie soffocò una risata. "Sì, qualcosa del genere".

Proprio in quel momento, la porta si spalancò e Rosie entrò. "La mamma dice... cosa diavolo..."

Rosie si bloccò, gli occhi spalancati come piattini, fissando i burattini. I burattini ricambiarono lo sguardo.

"Charlie, cosa... cosa sono quelli?" chiese Rosie, indicando l'esercito di burattini sul pavimento.

Charlie sorrise. "Solo alcuni nuovi amici che ho incontrato lungo la strada".

Rosie sbatté le palpebre. "Sei così strano".

E con ciò, si voltò e se ne andò, borbottando qualcosa sul fatto che i fratelli sono completamente ridicoli.

Il capo dei burattini si raddrizzò, guardando Charlie con un nuovo rispetto. "Ci hai salvati dal cassetto e ci hai portato nella Terra del Bucato. Sei il nostro eroe."

Charlie ridacchiò. "Eroe, eh? Beh, credo che potrei abituarmici."

I pupazzi di calzini salutarono Charlie prima di infilarsi di corsa nel suo cassetto dei calzini, dove apparentemente avrebbero vissuto per sempre. E proprio così, tutto tornò alla normalità... beh, il più normale possibile con un cassetto pieno di pupazzi di calzini magici.

Charlie abbassò lo sguardo sul calzino dorato e vorticoso che aveva ancora al piede. Lo aveva portato in un'avventura selvaggia dopo l'altra, ma per ora era tornato nella sua camera da letto.

E per quanto riguarda la pulizia della sua stanza? Beh, quella poteva aspettare un altro giorno.

Charlie sorrise tra sé. Chi sapeva in quale tipo di avventura lo avrebbe portato il suo calzino magico?

Ma una cosa era certa: non sarebbe mai stato noioso.

Timmy and the Giant Pancake Problem

Once upon a time, in a small town called Munchington, lived a boy named Timmy Timble. Timmy was not your average boy—he had the biggest appetite in all of Munchington, and there was one food he loved more than anything in the world: pancakes.

Timmy wasn't just a pancake fan; he was a pancake fanatic. Every morning, Timmy would wake up, rub his belly, and declare, "Today, I shall eat the world's biggest pancake!" Of course, this never happened, but Timmy's mum, Mrs. Timble, would always cook him a stack of pancakes so tall that it nearly toppled over.

One rainy Monday morning, as Timmy sat at the breakfast table with his fork and knife in hand, ready to devour his usual stack of pancakes, his mum looked at him sternly.

"Timmy, you know you can't eat pancakes every day," she said, flipping yet another one on the stove.

"But Mum, pancakes are the greatest invention of all time!" Timmy protested, licking his lips in anticipation.

"I know, love, but you need to try other things too. How about some porridge tomorrow? Or maybe scrambled eggs?"

Timmy pulled a face. The very thought of eating something that wasn't round, golden, and covered in syrup made him feel queasy.

"No way, Mum! Pancakes are my favourite! They make me strong and... and... full of energy!" Timmy flexed his skinny arms to make his point, though they didn't exactly scream 'muscles.'

His mum sighed and flipped the last pancake onto his plate, the tower now wobbling dangerously. "Just don't blame me if one day you turn into a pancake yourself."

Timmy giggled. "Mum, that's impossible!"

Or was it?

Later that day, Timmy went to school, still thinking about pancakes. He daydreamed through every lesson. His math problems turned into pancake calculations. His history book? A story of ancient pancake recipes. And during break time, while his friends played football, Timmy sat under the big oak tree, dreaming of a pancake so large that he could swim in syrup.

"Oi, Timmy! You coming to play or what?" shouted his best friend, Alfie, from the football field.

"Nah," Timmy replied, "I'm thinking about something way more important."

Alfie raised an eyebrow. "More important than football? What could that possibly be?"

"Pancakes."

Alfie shook his head and ran back to join the others. Timmy didn't care. His mind was swirling with an idea—an idea so ridiculous, so grand, that it could only belong to someone who truly loved pancakes as much as he did.

That night, as Timmy lay in bed, he made a decision. "Tomorrow," he whispered to himself, "I'm going to make the biggest pancake in the world!"

He had no idea how, but Timmy was determined. The next morning, he rushed downstairs, grabbed a notebook, and began scribbling ideas.

His mum noticed him from the kitchen. "What are you up to, Timmy?"

"I'm going to break a world record, Mum! I'm going to make the biggest pancake ever!" he announced proudly.

"Oh, Timmy," she said with a chuckle, "I'm sure you'll come up with something... ridiculous."

Timmy ignored her comment and got straight to planning. "Okay," he thought, "I'll need flour. Lots and lots of flour. And eggs—maybe a hundred eggs? No, a thousand! And syrup... definitely gallons of syrup."

He spent the whole day brainstorming, drawing diagrams, and making lists of ingredients. By the time the sun set, Timmy was convinced that he had the perfect pancake plan. Now, all he needed was a little help.

The next day at school, Timmy couldn't concentrate on anything other than his master plan. During lunch, he gathered his friends, Alfie, Sarah, and Ben, and told them about his idea.

"Timmy, that sounds mad!" Sarah exclaimed, her eyes wide.

"Mad, but brilliant!" Ben added, grinning.

Alfie scratched his head. "But how are you going to make a pancake that big? Where will you even cook it?"

Timmy thought for a moment. "Good question," he said, stroking his chin. "I'll need a giant frying pan. And a huge stove. Maybe... maybe we can do it outside? Like, in the park!"

The friends all exchanged glances. Making a pancake the size of a football pitch in the middle of the park? It sounded impossible. But then again, that was exactly why it was so exciting.

"Count me in!" said Ben, raising his hand.

"Me too!" said Sarah.

Alfie looked hesitant for a moment but finally nodded. "Alright, I'm in. But if we're doing this, we need to do it properly."

The plan was set. That evening, Timmy and his friends met in the park, armed with buckets of flour, crates of eggs, and bottles of syrup. They'd borrowed a huge frying pan from the local diner—well, it was more like Alfie's dad had 'borrowed' it without really asking—and laid it out in the middle of the field.

"I can't believe we're really doing this," said Sarah, shaking her head as she cracked open yet another egg into the giant bowl.

"It's going to be epic," Timmy replied, stirring the batter with a broomstick.

As the sun set, the friends worked tirelessly, mixing the batter, greasing the pan, and heating it over a makeshift stove they'd built from old bricks and firewood. Finally, when everything was ready, Timmy grabbed the bucket of batter and poured it into the pan.

Slowly, the pancake began to spread, filling the entire frying pan. The smell of warm batter wafted through the air, making everyone's mouths water.

"This is going to be the most delicious pancake ever!" Timmy said, beaming with pride.

But just as the pancake started to cook, something strange happened. The batter began to rise... and rise... and rise. It grew bigger and bigger until it overflowed from the pan, spilling onto the grass.

"Uh, Timmy," Alfie said nervously, "I think it's getting out of control."

Timmy's eyes widened. "No, it's fine! Just give it time."

But the pancake didn't stop growing. Soon, it was as tall as Timmy, and then taller. It was like a giant doughy monster, spreading across the park, engulfing everything in its path. Trees, benches, even the playground swings—nothing was safe from the expanding pancake.

"Run!" shouted Sarah, as the pancake blob began to inch toward them.

The friends dashed to safety, but the pancake kept growing. It was now the size of a house, and still, it showed no signs of stopping. People in the town gathered at the edge of the park, watching in horror and amazement as the giant pancake consumed everything.

"What have I done?" Timmy muttered, his stomach sinking as he watched his dream turn into a doughy nightmare.

Suddenly, the pancake stopped. It was as if it had reached its limit. There, in the middle of the park, stood the largest pancake the world had ever seen—a pancake so big, you could land a helicopter on it.

Timmy and his friends cautiously approached the giant pancake, staring up at it in awe.

"Well," said Ben, "at least we made the world's biggest pancake."

"Yeah, but how are we going to eat it?" Alfie asked.

That was a good question. The pancake was so enormous that even if the entire town of Munchington tried to eat it, it would take weeks to finish.

Just then, Timmy's mum arrived at the park, her arms crossed and a very unimpressed look on her face.

"Timmy," she said, tapping her foot, "I told you that you couldn't eat pancakes every day."

Timmy looked down at his shoes, feeling guilty. "I know, Mum. I just wanted to make the biggest pancake ever."

His mum sighed, then looked up at the giant pancake with a small smile. "Well, you certainly did that. Now, let's figure out how to fix this mess."

The next day, the town of Munchington held the first-ever Pancake Festival. People came from all over to see the giant pancake, and everyone brought forks, knives, and plates. There were pancake-eating contests, syrup-drizzling competitions, and even a pancake parade.

Timmy, of course, was the star of the show. He stood proudly at the edge of the giant pancake, flipping small pieces onto plates for people to eat.

"Maybe this wasn't such a bad idea after all," Timmy said to Alfie, who was munching on a giant piece of pancake.

"Yeah, but let's not try making it any bigger next time," Alfie replied with a grin.

Timmy laughed. "Deal. But I still think pancakes are the greatest thing ever."

And as the sun set over Munchington, and the giant pancake slowly disappeared piece by piece, Timmy couldn't help but feel a little proud. Sure, it had been a disaster at first, but in the end, it was the most fun he'd ever had—and the tastiest too.

Timmy e il problema dei pancake giganti

C'era una volta, in una cittadina chiamata Munchington, un ragazzo di nome Timmy Timble. Timmy non era un ragazzo qualunque: aveva il più grande appetito di tutta Munchington e c'era un cibo che amava più di ogni altra cosa al mondo: i pancake.

Timmy non era solo un fan dei pancake; era un fanatico dei pancake. Ogni mattina, Timmy si svegliava, si grattava la pancia e dichiarava: "Oggi mangerò il pancake più grande del mondo!" Ovviamente, questo non accadde mai, ma la mamma di Timmy, la signora Timble, gli cucinava sempre una pila di pancake così alta che quasi si rovesciava.

Un piovoso lunedì mattina, mentre Timmy sedeva al tavolo della colazione con forchetta e coltello in mano, pronto a divorare la sua solita pila di pancake, sua madre lo guardò severamente.

"Timmy, sai che non puoi mangiare pancake tutti i giorni", disse, girandone un altro sul fornello.

"Ma mamma, i pancake sono la più grande invenzione di tutti i tempi!" protestò Timmy, leccandosi le labbra per l'attesa.

"Lo so, tesoro, ma devi provare anche altre cose. Che ne dici di un po' di porridge domani? O magari delle uova strapazzate?"

Timmy fece una smorfia. Il solo pensiero di mangiare qualcosa che non fosse rotondo, dorato e ricoperto di sciroppo lo faceva sentire nauseato.

"No, mamma! I pancake sono i miei preferiti! Mi rendono forte e... e... pieno di energia!" Timmy fletteva le braccia magre per esprimere il suo punto di vista, anche se non urlavano esattamente "muscoli".

Sua madre sospirò e gli rovesciò l'ultimo pancake sul piatto, la torre ora oscillava pericolosamente. "Non dare la colpa a me se un giorno ti trasformerai in un pancake anche tu".

Timmy ridacchiò. "Mamma, è impossibile!"

O forse no?

Più tardi quel giorno, Timmy andò a scuola, pensando ancora ai pancake. Sognava a occhi aperti durante ogni lezione. I suoi problemi di matematica si trasformarono in calcoli sui pancake. Il suo libro di storia? Una storia di antiche ricette di pancake. E durante la ricreazione, mentre i suoi amici giocavano a football, Timmy sedeva sotto la grande quercia, sognando un pancake così grande che avrebbe potuto nuotare nello sciroppo.

"Ehi, Timmy! Vieni a giocare o cosa?" urlò il suo migliore amico, Alfie, dal campo di football.

"No", rispose Timmy, "sto pensando a qualcosa di molto più importante".

Alfie alzò un sopracciglio. "Più importante del football? Cosa potrebbe mai essere?"

"Pancake".

Alfie scosse la testa e corse indietro per raggiungere gli altri. A Timmy non importava. La sua mente turbinava con un'idea, un'idea così ridicola, così grandiosa, che poteva appartenere solo a qualcuno che amava davvero i pancake tanto quanto lui.

Quella notte, mentre Timmy giaceva a letto, prese una decisione. "Domani", sussurrò tra sé, "farò il pancake più grande del mondo!"

Non aveva idea di come, ma Timmy era determinato. La mattina dopo, corse giù per le scale, prese un quaderno e iniziò a scarabocchiare idee.

Sua madre lo notò dalla cucina. "Cosa stai combinando, Timmy?"

"Sto per battere un record mondiale, mamma! Farò il più grande pancake di sempre!" annunciò orgoglioso.

"Oh, Timmy", disse lei con una risatina, "sono sicura che ti verrà in mente qualcosa... ridicolo".

Timmy ignorò il suo commento e si mise subito a pianificare. "Okay", pensò, "avrò bisogno di farina. Un sacco di farina. E uova, forse un centinaio di uova? No, un mille! E sciroppo... sicuramente galloni di sciroppo".

Passò l'intera giornata a fare brainstorming, disegnare diagrammi e fare liste di ingredienti. Quando il sole tramontò, Timmy era convinto di aver trovato il piano perfetto per i pancake. Ora, aveva solo bisogno di un piccolo aiuto.

Il giorno dopo a scuola, Timmy non riusciva a concentrarsi su nient'altro che sul suo piano generale. Durante il pranzo, radunò i suoi amici, Alfie, Sarah e Ben, e raccontò loro la sua idea.

"Timmy, sembra folle!" esclamò Sarah, con gli occhi spalancati.

"Folle, ma geniale!" aggiunse Ben, sorridendo.

Alfie si grattò la testa. "Ma come farai a fare un pancake così grande? Dove lo cucinerai?"

Timmy ci pensò un attimo. "Bella domanda", disse, accarezzandosi il mento. "Avrò bisogno di una padella gigante. E di un fornello enorme. Forse... forse possiamo farlo fuori? Tipo, al parco!"

Gli amici si scambiarono tutti un'occhiata. Preparare un pancake grande quanto un campo da calcio in mezzo al parco? Sembrava impossibile. Ma d'altronde, era proprio per questo che era così eccitante.

"Contami!" disse Ben, alzando la mano.

"Anch'io!" disse Sarah.

Alfie sembrò esitante per un momento, ma alla fine annuì. "Va bene, ci sto. Ma se lo facciamo, dobbiamo farlo come si deve".

Il piano era stato stabilito. Quella sera, Timmy e i suoi amici si incontrarono al parco, armati di secchi di farina, casse di uova e bottiglie di sciroppo. Avevano preso in prestito un'enorme padella dalla tavola calda locale (beh, era più come se il padre di Alfie l'avesse "presa in prestito" senza chiedere davvero) e l'avevano sistemata in mezzo al campo.

"Non riesco a credere che lo stiamo facendo davvero", disse Sarah, scuotendo la testa mentre rompeva un altro uovo nella ciotola gigante.

"Sarà epico", rispose Timmy, mescolando la pastella con un manico di scopa.

Mentre il sole tramontava, gli amici lavoravano instancabilmente, mescolando la pastella, ungendo la padella e riscaldandola su una stufa improvvisata che avevano costruito con vecchi mattoni e legna da ardere. Alla fine, quando tutto fu pronto, Timmy prese il secchio di pastella e la versò nella padella.

Lentamente, il pancake iniziò a diffondersi, riempiendo l'intera padella. L'odore della pastella calda aleggiava nell'aria, facendo venire l'acquolina in bocca a tutti.

"Questo sarà il pancake più delizioso di sempre!" disse Timmy, raggiante di orgoglio.

Ma proprio mentre il pancake iniziava a cuocere, accadde qualcosa di strano. La pastella iniziò a lievitare... e a lievitare... e a lievitare. Divenne sempre più grande finché non traboccò dalla padella, riversandosi sull'erba.

"Uh, Timmy", disse Alfie nervosamente, "penso che stia andando fuori controllo".

Gli occhi di Timmy si spalancarono. "No, va bene! Dategli solo tempo".

Ma il pancake non smise di crescere. Presto, era alto quanto Timmy, e poi ancora di più. Era come un gigantesco mostro di pasta molle, che si diffondeva nel parco, inghiottendo tutto sul suo cammino. Alberi, panchine, persino le altalene del parco giochi: niente era al sicuro dal pancake in espansione.

"Corri!" urlò Sarah, mentre la massa di pancake iniziava ad avvicinarsi a loro.

Gli amici si precipitarono in salvo, ma il pancake continuava a crescere. Ora era grande quanto una casa e, nonostante ciò, non mostrava segni di fermarsi. La gente della città si radunò ai margini del parco, osservando con orrore e stupore il pancake gigante che consumava tutto.

"Cosa ho fatto?" borbottò Timmy, con lo stomaco che gli si sprofondò mentre osservava il suo sogno trasformarsi in un incubo di pasta molle.

All'improvviso, il pancake si fermò. Era come se avesse raggiunto il suo limite. Lì, in mezzo al parco, c'era il pancake più grande che il mondo avesse mai visto, un pancake così grande che ci si poteva atterrare sopra un elicottero.

Timmy e i suoi amici si avvicinarono cautamente al pancake gigante, fissandolo con stupore.

"Beh", disse Ben, "almeno abbiamo fatto il pancake più grande del mondo".

"Sì, ma come lo mangeremo?" chiese Alfie.

Era una bella domanda. Il pancake era così enorme che anche se l'intera città di Munchington avesse provato a mangiarlo, ci sarebbero volute settimane per finirlo.

Proprio in quel momento, la mamma di Timmy arrivò al parco, con le braccia incrociate e un'espressione molto indifferente sul viso.

"Timmy", disse, battendo il piede, "ti avevo detto che non potevi mangiare pancake tutti i giorni".

Timmy abbassò lo sguardo sulle sue scarpe, sentendosi in colpa. "Lo so, mamma. Volevo solo fare il pancake più grande di sempre".

Sua madre sospirò, poi alzò lo sguardo sul pancake gigante con un piccolo sorriso. "Beh, l'hai sicuramente fatto. Ora, cerchiamo di capire come sistemare questo pasticcio".

Il giorno dopo, la città di Munchington ha organizzato il primo Pancake Festival in assoluto. La gente è venuta da ogni dove per vedere il pancake gigante e tutti hanno portato forchette, coltelli e piatti. Ci sono state gare di mangiatori di pancake, gare di sciroppo e persino una sfilata di pancake.

Timmy, ovviamente, era la star dello spettacolo. Stava orgoglioso sul bordo del pancake gigante, rovesciando piccoli pezzi sui piatti perché la gente li mangiasse.

"Forse non è stata una cattiva idea dopotutto", disse Timmy ad Alfie, che stava masticando un pezzo gigante di pancake.

"Sì, ma non proviamo a farlo più grande la prossima volta", rispose Alfie con un sorriso.

Timmy rise. "Affare fatto. Ma penso ancora che i pancake siano la cosa più bella di sempre".

E mentre il sole tramontava su Munchington e il pancake gigante scompariva lentamente pezzo dopo pezzo, Timmy non poté fare a meno di sentirsi un po' orgoglioso. Certo, all'inizio era stato un disastro, ma alla fine era stato il momento più divertente che avesse mai avuto, e anche il più gustoso.

Suzy and the Incredible Shrinking Adventure

———

Suzy Sprout was a curious girl with big dreams. At just nine years old, she had a wild imagination and a knack for getting into all sorts of trouble—especially when her curiosity got the better of her. With her scruffy brown hair always tangled, her knees constantly covered in grass stains, and her oversized glasses slipping down her nose, Suzy looked every bit the part of an adventurer.

But there was something else about Suzy: she was tiny. Not just small for her age—really tiny. If you looked closely, you might think she was shrinking. And Suzy had a feeling that's exactly what was happening.

One bright Saturday morning, Suzy woke up feeling a bit different. She sat up in bed, rubbing her eyes, and noticed that her pajamas felt a little loose. She glanced at her reflection in the mirror across the room and gasped. Her feet, which used to dangle just a bit over the edge of her bed, were now completely covered by her oversized pajama bottoms.

"I swear these pajamas fit me last night!" Suzy muttered to herself, tugging at the fabric.

She hopped out of bed and ran downstairs to find her mum, who was in the kitchen, busy making breakfast.

"Mum! I think I'm shrinking!" Suzy exclaimed, standing in the doorway with her arms stretched wide.

Her mum, Mrs. Sprout, turned around with a smile. "Oh, Suzy, you and your wild imagination! Did you have another one of your shrinking dreams?"

"No, Mum, it's real this time!" Suzy insisted, tugging on her pajamas to prove her point.

Mrs. Sprout chuckled and handed Suzy a plate of toast. "Maybe you're just growing out of your clothes, love. Now, eat your breakfast before it gets cold."

Suzy wasn't convinced. She knew something was different. She was definitely smaller than yesterday. But how was that possible?

At school that day, Suzy couldn't concentrate on her lessons. She kept checking to see if her clothes were getting looser, if her shoes were too big, or if the world around her looked taller. By lunchtime, she was certain she had shrunk at least an inch.

Her best friend, Milo, noticed something was up.

"Why do you keep looking at your feet?" Milo asked, munching on a peanut butter sandwich.

Suzy leaned in close and whispered, "I think I'm shrinking, Milo. For real this time."

Milo raised an eyebrow and stared at her for a moment. "Shrinking? Like, turning into a teeny-tiny person?"

Suzy nodded, her eyes wide. "I'm serious! My clothes are too big, and everything feels... taller."

Milo looked around the school playground and then back at Suzy. "Well, you do look a little shorter than usual. But maybe it's just because you didn't eat your vegetables at lunch."

Suzy groaned. "It's not the vegetables! I think there's something magical happening."

Milo, who had always been a bit of a skeptic, gave her a long, thoughtful look. "Okay, let's test it. Stand next to the tree."

Suzy did as he said, standing next to the big oak tree in the middle of the playground. Milo pulled a small piece of chalk out of his pocket (he always carried random things in his pockets, just in case) and made a mark on the tree at the top of Suzy's head.

"There!" Milo said proudly. "Now we'll know if you get shorter."

Suzy examined the chalk mark and sighed. "I guess we'll find out."

But by the end of the school day, when she and Milo checked the mark again, something shocking had happened. Suzy was a whole inch shorter than the chalk line.

"See! I told you!" Suzy cried, pointing at the evidence.

Milo's eyes widened. "Whoa... you really are shrinking!"

That night, Suzy lay in bed, wide awake, staring at the ceiling. She was shrinking, and she had no idea why or how to stop it. Was it a curse? A spell? Maybe it was something she had touched or eaten. Suzy tried to remember if anything strange had happened recently, but nothing came to mind.

The next morning, things got worse. Suzy had shrunk even more overnight. She was now the same height as her six-year-old cousin, and her pajamas looked like they belonged to someone twice her size.

"Mum! Look!" Suzy shouted, running into the kitchen again.

Mrs. Sprout turned around and dropped her spoon in shock. "Suzy! What on earth—?!"

This time, her mum couldn't deny it. Suzy had definitely shrunk.

"I don't understand! How is this happening?" Mrs. Sprout said, rushing over to inspect her daughter.

"I told you, Mum! I'm shrinking! It's real!"

Mrs. Sprout picked up the phone and dialed the doctor immediately. "We need to get you checked out, love. This is... this is just bizarre!"

The doctor, Dr. Boggle, was a tall, thin man with a serious face. He examined Suzy carefully, measuring her height and asking all sorts of strange questions.

"Have you been eating anything unusual? Any strange plants? Magic beans, perhaps?" he asked, adjusting his glasses.

Suzy shook her head. "No magic beans. Just cereal, toast, and a bit of pizza."

Dr. Boggle hummed thoughtfully, tapping his chin. "Very curious. I've never seen anything like this before."

Suzy's mum looked worried. "Is there anything we can do to stop it?"

Dr. Boggle shrugged. "I'm afraid I don't have any answers. But if Suzy keeps shrinking, she might disappear altogether!"

Suzy's heart sank. Disappear? She didn't want to disappear!

As they left the doctor's office, Suzy felt a wave of panic. What if she really did vanish? What if she shrank so small that no one could see her?

But Suzy wasn't the kind of girl to give up easily. She was determined to find out why this was happening—and more importantly, how to fix it.

The next day, Suzy and Milo set out on a mission. They were going to investigate every possible explanation for the shrinking. They checked the schoolyard for any strange plants or magical creatures, visited the library to read about mysterious shrinking spells, and even asked Old Mrs. Crumble, the town's eccentric cat lady, if she had ever heard of such a thing.

"Shrinking, you say?" Mrs. Crumble cackled, stroking her black cat. "Well, there was that one time when I accidentally shrank my knitting needles... but I'm sure that's not the same."

Suzy sighed. It felt like they were running out of ideas.

Then, just as they were about to give up, something strange happened.

They were walking through the park when Suzy tripped over a small, glimmering object hidden in the grass. She bent down and picked it up—a tiny, silver key.

"What's this?" she wondered aloud, holding the key up to the light.

Milo squinted at it. "It looks like a key, but it's too small for any door I've ever seen."

Suzy's mind raced. "What if... what if this key is connected to the shrinking? What if it unlocks something magical?"

Milo looked skeptical. "A key that makes you shrink? That sounds a bit far-fetched, don't you think?"

But Suzy was already deep in thought. "We need to find out what this key unlocks. Maybe it's the answer to everything!"

The next day, Suzy and Milo continued their search, key in hand. They tried every lock they could find—doors, cabinets, even tiny boxes. But nothing worked.

Suzy was starting to lose hope when she noticed something peculiar. In the middle of the town square stood an old statue of a knight, sword raised high. At the base of the statue was a small plaque, and right next to the plaque was... a tiny keyhole.

"This is it!" Suzy exclaimed, rushing toward the statue.

Milo looked doubtful. "Are you sure?"

Suzy didn't wait to answer. She carefully inserted the tiny silver key into the lock and turned it. There was a faint click, and the ground beneath them began to tremble.

"Uh, Suzy? What's happening?" Milo asked nervously.

Before they could react, the statue began to move. Slowly, it stepped aside, revealing a hidden trapdoor beneath it.

Suzy's eyes widened in disbelief. "I knew it! It's a secret!"

Milo gulped. "A secret that's moving a statue?! I'm not sure I like this, Suzy."

But Suzy was already too excited to be scared. She opened the trapdoor, revealing a staircase that led deep underground.

"Come on, Milo! This is our answer!"

The staircase led them to a hidden chamber, dimly lit by flickering torches. In the middle of the room stood an ancient stone pedestal, and on top of it was a dusty old book.

Suzy approached the book cautiously, brushing off the dust to reveal the title: "The Book of Mystical Keys and Cures".

"This is it!" Suzy whispered, flipping through the pages.

Milo peered over her shoulder. "Does it say anything about shrinking?"

Suzy scanned the pages until she found a section titled "The Curse of the Shrinking Key".

"It says here that the key I found is enchanted. Anyone who

touches it will begin to shrink until they return it to its rightful place."

Milo looked relieved. "So all you have to do is put the key back where it belongs?"

Suzy nodded. "Exactly. And once I do, the shrinking will stop."

With a determined look, Suzy placed the key on the pedestal. Instantly, she felt a strange tingling sensation, and within seconds, she began to grow back to her normal size.

By the time they climbed back up the stairs, Suzy was back to her regular height. She was no longer shrinking, and the key had been returned to its rightful place.

Milo grinned. "Looks like we solved the mystery!"

Suzy smiled, relieved. "Yeah, but I think I'll stick to regular-sized adventures from now on."

As they walked home, Suzy couldn't help but feel proud of herself. She had faced a magical mystery and come out on top. And while she wasn't sure if her shrinking days were truly behind her, one thing was certain: she was ready for whatever adventure came next.

After all, being curious had its perks—especially when you had a best friend like Milo by your side.

Suzy e l'incredibile avventura del restringimento

———

Suzy Sprout era una bambina curiosa con grandi sogni. A soli nove anni, aveva una fervida immaginazione e un talento per cacciarsi in ogni genere di guai, soprattutto quando la sua curiosità aveva la meglio. Con i suoi arruffati capelli castani sempre aggrovigliati, le ginocchia costantemente coperte di macchie d'erba e gli occhiali oversize che le scivolavano sul naso, Suzy sembrava proprio un'avventuriera.

Ma c'era qualcos'altro in Suzy: era minuscola. Non solo piccola per la sua età, davvero minuscola. Se la guardavi da vicino, potevi pensare che si stesse rimpicciolendo. E Suzy aveva la sensazione che fosse esattamente quello che stava succedendo.

Un luminoso sabato mattina, Suzy si svegliò sentendosi un po' diversa. Si sedette sul letto, si strofinò gli occhi e notò che il suo pigiama era un po' largo. Guardò il suo riflesso nello specchio dall'altra parte della stanza e sussultò. I suoi piedi, che prima penzolavano appena dal bordo del letto, ora erano completamente coperti dai pantaloni del pigiama oversize.

"Giuro che questo pigiama mi andava bene ieri sera!" Suzy borbottò tra sé, tirando il tessuto.

Saltò giù dal letto e corse al piano di sotto per trovare sua madre, che era in cucina, impegnata a preparare la colazione.

"Mamma! Credo di rimpicciolirmi!" esclamò Suzy, ferma sulla porta con le braccia tese.

Sua madre, la signora Sprout, si voltò con un sorriso. "Oh, Suzy, tu e la tua fervida immaginazione! Hai fatto un altro dei tuoi sogni di rimpicciolimento?"

"No, mamma, questa volta è vero!" insistette Suzy, tirandosi il pigiama per dimostrare il suo punto di vista.

La signora Sprout ridacchiò e porse a Suzy un piatto di pane tostato. "Forse ti stanno solo crescendo i vestiti, tesoro. Ora, fai colazione prima che diventi fredda."

Suzy non era convinta. Sapeva che qualcosa era diverso. Era sicuramente più piccola del giorno prima. Ma com'era possibile?

A scuola quel giorno, Suzy non riusciva a concentrarsi sulle lezioni. Continuava a controllare se i suoi vestiti si stavano allargando, se le sue scarpe erano troppo grandi o se il mondo intorno a lei sembrava più alto. All'ora di pranzo, era certa di essersi rimpicciolita di almeno un pollice.

La sua migliore amica, Milo, notò che qualcosa non andava.

"Perché continui a guardarti i piedi?" chiese Milo, sgranocchiando un panino al burro di arachidi.

Suzy si avvicinò e sussurrò: "Penso di rimpicciolirmi, Milo. Davvero questa volta."

Milo alzò un sopracciglio e la fissò per un momento. "Rimpicciolirmi? Tipo, trasformarmi in una persona minuscola?"

Suzy annuì, con gli occhi spalancati. "Dico sul serio! I miei vestiti sono troppo grandi e tutto sembra... più alto."

Milo si guardò intorno nel cortile della scuola e poi di nuovo verso Suzy. "Beh, sembri un po' più bassa del solito. Ma forse è solo perché non hai mangiato le verdure a pranzo".

Suzy gemette. "Non sono le verdure! Penso che stia succedendo qualcosa di magico".

Milo, che era sempre stato un po' scettico, le lanciò un lungo sguardo pensieroso. "Ok, mettiamolo alla prova. Mettiti accanto all'albero".

Suzy fece come aveva detto, fermandosi accanto alla grande quercia al centro del cortile. Milo tirò fuori un piccolo pezzo di gesso dalla tasca (portava sempre cose a caso nelle tasche, per ogni evenienza) e fece un segno sull'albero in cima alla testa di Suzy.

"Ecco!" disse Milo orgoglioso. "Ora sapremo se diventerai più bassa".

Suzy esaminò il segno di gesso e sospirò. "Immagino che lo scopriremo".

Ma alla fine della giornata scolastica, quando lei e Milo controllarono di nuovo il segno, accadde qualcosa di sconvolgente. Suzy era più bassa di un pollice rispetto alla linea di gesso.

"Guarda! Te l'avevo detto!" gridò Suzy, indicando la prova.

Gli occhi di Milo si spalancarono. "Wow... ti stai davvero rimpicciolendo!"

Quella notte, Suzy giaceva a letto, completamente sveglia, fissando il soffitto. Si stava rimpicciolendo e non aveva idea del perché o di come fermarlo. Era una maledizione? Un incantesimo? Forse era qualcosa che aveva toccato o mangiato. Suzy cercò di ricordare se fosse successo qualcosa di strano di recente, ma non le venne in mente nulla.

La mattina dopo, le cose peggiorarono. Suzy si era rimpicciolita ancora di più durante la notte. Ora era alta quanto la cugina di sei anni e il suo pigiama sembrava appartenere a qualcuno che era il doppio di lei.

"Mamma! Guarda!" urlò Suzy, correndo di nuovo in cucina.

La signora Sprout si voltò e lasciò cadere il cucchiaio per lo shock. "Suzy! Ma che diavolo—?!"

Questa volta, la mamma non poteva negarlo. Suzy si era decisamente rimpicciolita.

"Non capisco! Come sta succedendo?" disse la signora Sprout, correndo a ispezionare la figlia.

"Te l'ho detto, mamma! Mi sto rimpicciolendo! È vero!"

La signora Sprout prese il telefono e chiamò immediatamente il medico. "Dobbiamo farti visitare, tesoro. Questo è... questo è semplicemente bizzarro!"

Il medico, il dottor Boggle, era un uomo alto e magro con un viso serio. Esaminò attentamente Suzy, misurandone l'altezza e ponendole ogni sorta di domande strane.

"Hai mangiato qualcosa di insolito? Piante strane? Fagioli magici, forse?" chiese, sistemandosi gli occhiali.

Suzy scosse la testa. "Niente fagioli magici. Solo cereali, pane tostato e un po' di pizza."

Il dottor Boggle canticchiò pensieroso, toccandosi il mento. "Molto curioso. Non ho mai visto niente del genere prima."

La mamma di Suzy sembrava preoccupata. "C'è qualcosa che possiamo fare per fermarlo?"

Il dottor Boggle scrollò le spalle. "Temo di non avere risposte. Ma se Suzy continua a rimpicciolirsi, potrebbe scomparire del tutto!"

Il cuore di Suzy sprofondò. Scomparire? Non voleva sparire!

Mentre uscivano dall'ambulatorio del medico, Suzy sentì un'ondata di panico. E se fosse davvero scomparsa? E se si fosse rimpicciolita così tanto che nessuno avrebbe potuto vederla?

Ma Suzy non era il tipo di ragazza che si arrendeva facilmente. Era determinata a scoprire perché stava succedendo e, cosa più importante, come risolvere il problema.

Il giorno dopo, Suzy e Milo partirono per una missione. Avrebbero indagato su ogni possibile spiegazione del rimpicciolimento. Controllarono il cortile della scuola alla ricerca di strane piante o creature magiche, andarono in biblioteca per leggere di misteriosi incantesimi di rimpicciolimento e chiesero persino alla vecchia signora Crumble, l'eccentrica gattara della città, se ne avesse mai sentito parlare.

"Rimpicciolimento, dici?" ridacchiò la signora Crumble, accarezzando il suo gatto nero. "Beh, c'è stata quella volta in cui ho rimpicciolito accidentalmente i miei ferri da maglia... ma sono sicura che non è la stessa cosa."

Suzy sospirò. Sembrava che stessero esaurendo le idee.

Poi, proprio quando stavano per rinunciare, accadde qualcosa di strano.

Stavano camminando nel parco quando Suzy inciampò in un piccolo oggetto luccicante nascosto nell'erba. Si chinò e lo raccolse: una minuscola chiave d'argento.

"Cos'è questo?" si chiese ad alta voce, tenendo la chiave controluce.

Milo la guardò di traverso. "Sembra una chiave, ma è troppo piccola per qualsiasi porta abbia mai visto."

La mente di Suzy corse veloce. "E se... e se questa chiave fosse collegata al restringimento? E se aprisse qualcosa di magico?"

Milo sembrava scettico. "Una chiave che ti fa restringere? Sembra un po' inverosimile, non credi?"

Ma Suzy era già immersa nei suoi pensieri. "Dobbiamo scoprire cosa apre questa chiave. Forse è la risposta a tutto!"

Il giorno dopo, Suzy e Milo continuarono la loro ricerca, chiave in mano. Provarono tutte le serrature che riuscirono a trovare: porte, armadi, persino piccole scatole. Ma niente funzionava.

Suzy stava iniziando a perdere la speranza quando notò qualcosa di strano. In mezzo alla piazza della città c'era una vecchia statua di un cavaliere, con la spada sollevata. Alla base della statua c'era una piccola targa e proprio accanto alla targa c'era... un minuscolo buco della serratura.

"Ecco qua!" esclamò Suzy, correndo verso la statua.

Milo sembrava dubbioso. "Ne sei sicuro?"

Suzy non aspettò a rispondere. Inserì con cura la minuscola chiave d'argento nella serratura e la girò. Ci fu un debole clic e il terreno sotto di loro iniziò a tremare.

"Ehi, Suzy? Cosa sta succedendo?" chiese Milo nervosamente.

Prima che potessero reagire, la statua iniziò a muoversi. Lentamente, si fece di lato, rivelando una botola nascosta sotto di sé.

Gli occhi di Suzy si spalancarono increduli. "Lo sapevo! È un segreto!"

Milo deglutì. "Un segreto che sposta una statua?! Non sono sicuro che mi piaccia, Suzy."

Ma Suzy era già troppo eccitata per essere spaventata. Aprì la botola, rivelando una scala che conduceva in profondità sottoterra.

"Dai, Milo! Questa è la nostra risposta!"

La scala li condusse a una camera nascosta, fiocamente illuminata da torce tremolanti. Al centro della stanza c'era un antico piedistallo di pietra, e in cima c'era un vecchio libro impolverato.

Suzy si avvicinò al libro con cautela, spolverandolo per rivelare il titolo: "Il libro delle chiavi mistiche e delle cure".

"È questo!" sussurrò Suzy, sfogliando le pagine.

Milo sbirciò oltre la sua spalla. "Dice qualcosa sul restringimento?"

Suzy scorse le pagine finché non trovò una sezione intitolata "La maledizione della chiave che si restringe".

"Qui dice che la chiave che ho trovato è incantata. Chiunque la tocchi inizierà a rimpicciolirsi finché non la rimetterà al suo posto."

Milo sembrò sollevato. "Quindi tutto quello che devi fare è rimettere la chiave al suo posto?"

Suzy annuì. "Esatto. E una volta che lo farò, il restringimento cesserà."

Con uno sguardo determinato, Suzy posò la chiave sul piedistallo. Immediatamente, sentì una strana sensazione di formicolio e, nel giro di pochi secondi, iniziò a crescere di nuovo fino a raggiungere le sue dimensioni normali.

Quando risalirono le scale, Suzy era tornata alla sua altezza normale. Non si stava più rimpicciolendo e la chiave era stata rimessa al suo posto.

Milo sorrise. "Sembra che abbiamo risolto il mistero!"

Suzy sorrise, sollevata. "Sì, ma credo che da ora in poi mi limiterò ad avventure di dimensioni normali."

Mentre tornavano a casa, Suzy non poteva fare a meno di sentirsi orgogliosa di sé. Aveva affrontato un mistero magico e ne era uscita vincitrice. E anche se non era sicura che i suoi giorni da rimpicciolita fossero davvero alle spalle, una cosa era certa: era pronta per qualsiasi avventura si fosse presentata.

Dopotutto, essere curiosi aveva i suoi vantaggi, soprattutto quando avevi un migliore amico come Milo al tuo fianco.

Jemima Jones and the Gigantic Giraffe

Jemima Jones was not your average ten-year-old. While most kids her age spent their time worrying about homework or which flavor of ice cream to pick, Jemima had much bigger problems to deal with. You see, Jemima had a giraffe. And not just any giraffe. This giraffe was gigantic.

Her name was Geraldine, and she was as tall as two double-decker buses stacked on top of each other. She had legs that looked like giant broomsticks, a neck that could reach the clouds, and a head the size of a small car. Having a gigantic giraffe seemed like the coolest thing in the world—at least at first. But Jemima quickly realized that owning such an enormous animal came with its own set of challenges.

It all started one bright Saturday morning when Jemima was walking through the park with her mum and dad. They had just finished a lovely picnic when Jemima spotted something unusual sticking out from behind the trees.

"Look at that!" she exclaimed, pointing excitedly.

Her parents turned to see a pair of enormous legs towering above the treetops. It was Geraldine, munching lazily on the leaves of a tall oak tree, completely unaware of the commotion she was causing.

"Mum, Dad! It's a giraffe!" Jemima said, running toward the giant creature.

"Jemima, be careful!" her dad called after her, but Jemima was already off, her feet pounding the ground as she ran closer.

As she approached, Geraldine lowered her long neck and looked down at Jemima with her big, friendly eyes. The giraffe's eyelashes fluttered, and she let out a soft, curious sound.

Jemima couldn't believe her luck. "Wow, you're beautiful!" she whispered, reaching out to pat Geraldine's nose.

Before she knew it, Jemima had fallen in love with the giraffe. And, strangely enough, Geraldine seemed to like Jemima too. It was as if they shared an instant connection.

A few days later, Jemima was in her room, doing her homework (or at least pretending to), when she heard a strange noise outside. She peered out of her bedroom window and gasped. Geraldine was standing in her back garden, nibbling on the leaves of a tree.

"Geraldine? What are you doing here?" Jemima said, racing downstairs and out the door.

The giraffe looked down at Jemima and gave a soft, friendly nudge with her enormous head, as if to say, "I'm here for you."

From that day on, Geraldine became a part of Jemima's life. She followed Jemima everywhere—well, as much as a gigantic giraffe could without causing too much trouble. She waited outside Jemima's school, peeked through her bedroom window at night, and even tried to follow Jemima into the supermarket once (though that didn't go over very well).

Jemima's friends at school thought it was the coolest thing ever. "You have a pet giraffe? No way!" her best friend Olivia gasped, eyes wide with disbelief.

"Yeah, her name's Geraldine," Jemima said proudly, showing Olivia a photo she'd taken on her mum's phone. "She's huge, isn't she?"

"That's incredible! Can I meet her?" Olivia begged.

Jemima smiled. "Sure! After school today, we can go to the park. She loves hanging out there."

And so, after school, Jemima and Olivia headed to the park, where Geraldine was waiting patiently, towering over the swings and slides like some kind of giraffe-shaped skyscraper. Kids who were playing nearby stopped and stared, jaws dropping in amazement.

"Whoa!" a boy named Freddie said, pointing at Geraldine. "That's the biggest giraffe I've ever seen!"

Jemima grinned. "Yeah, she's pretty awesome, isn't she?"

But having a gigantic giraffe wasn't all fun and games. Soon, Jemima discovered that owning Geraldine came with a few unexpected problems.

For starters, Geraldine had a massive appetite. She could eat an entire tree's worth of leaves in a single sitting, and it wasn't long before Jemima's garden looked like a disaster zone. Every plant, bush, and tree had been nibbled down to a stub.

"Jemima!" her mum called one afternoon, hands on her hips. "Have you seen what Geraldine's done to the garden? It looks like a herd of elephants came through!"

Jemima bit her lip, glancing sheepishly at the mess. "I'm sorry, Mum. I'll try to keep her from eating everything."

But it wasn't just the garden. Geraldine's enormous size also made her a bit clumsy. One day, as Jemima was walking her through town, Geraldine accidentally knocked over a lamppost with her neck. Another time, she tried to fit through a narrow alleyway and ended up getting stuck between two buildings.

"Oh no! Geraldine, what have you done?" Jemima groaned, tugging at the giraffe's neck in a futile attempt to free her.

A crowd of people gathered around, some laughing, others taking photos on their phones.

"Look, Mum! It's a giraffe stuck in the alley!" a little girl shouted, pointing excitedly.

It took a lot of effort, and a few firefighters, to get Geraldine out of the alley that day. Jemima felt terrible about all the chaos they'd caused.

Things came to a head one afternoon when Jemima decided to take Geraldine for a walk in the city center. It was a bright, sunny day, and Jemima thought it would be nice to show Geraldine some new sights. But as they strolled down the busy streets, something unexpected happened.

Geraldine spotted a large balloon tied to a cart selling ice cream. The balloon was bright red and shaped like a strawberry, and Geraldine, being the curious giraffe she was, thought it looked delicious. Without warning, she stretched her long neck and tried to grab the balloon with her mouth.

Pop! The balloon burst with a loud bang, and Geraldine let out a startled yelp, jerking backward in surprise.

Her sudden movement sent her enormous neck swinging in all directions, knocking over market stalls, tipping over bins, and causing a massive traffic jam as cars screeched to a halt to avoid hitting the confused giraffe.

"Geraldine, no!" Jemima cried, trying to calm her down.

But it was too late. Geraldine had caused a full-scale disaster in the city center. People were running in all directions, shouting and waving their arms, while shopkeepers frantically tried to save their wares from being trampled by the gigantic giraffe.

Jemima's heart sank as she watched the chaos unfold. She loved Geraldine, but this was too much. She couldn't keep causing so much trouble everywhere they went.

That evening, Jemima sat on her bed, deep in thought. Geraldine was outside, her head poking through Jemima's window, looking as innocent as ever. Jemima reached out and stroked her soft nose.

"What am I going to do with you, Geraldine?" Jemima sighed.

As much as she adored her gigantic giraffe, Jemima knew things couldn't go on like this. Geraldine was too big for their little town. She needed a place where she could roam freely without causing trouble.

The next day, Jemima had an idea. She told her parents she needed to go on a trip, and with their help, they loaded Geraldine into a specially modified lorry and set off for the countryside.

After a long drive, they arrived at a large wildlife reserve. It was a place filled with wide-open spaces, tall trees, and other animals that Geraldine could befriend.

As they unloaded Geraldine from the lorry, Jemima's heart ached a little. She knew this was the right thing to do, but she was going to miss her giraffe more than anything.

"Come on, Geraldine," Jemima said, leading her toward the entrance of the reserve. "This is your new home now."

Geraldine looked around, her big eyes taking in the vast landscape. She seemed curious, but also a little sad, as if she knew that she and Jemima were saying goodbye.

Jemima wrapped her arms around Geraldine's neck, giving her a tight hug. "I'll visit you, I promise," she whispered.

Geraldine nuzzled Jemima gently, her soft fur tickling Jemima's cheek. It was as if the giraffe understood what was happening.

As Jemima walked away, she turned to see Geraldine slowly making her way toward a group of tall trees in the distance. The giraffe paused for a moment and looked back at Jemima, as if to say, "Thank you."

The days that followed were strange for Jemima. She missed Geraldine terribly, but she knew she'd made the right choice. Life was quieter now, with no lampposts being knocked over or market stalls being destroyed. But something felt... empty.

Then, one Saturday morning, Jemima's parents surprised her with a special trip. They were going to visit Geraldine at the wildlife reserve!

Jemima's heart leaped with excitement as they drove to the countryside. When they arrived, Jemima rushed out of the car and called for her giraffe.

"Geraldine!" she shouted, scanning the wide-open fields.

At first, there was no sign of her. But then, in the distance, Jemima saw a familiar pair of long legs approaching. It was Geraldine, and she was galloping toward Jemima with her neck stretched high and her tail wagging like an excited puppy.

Jemima grinned from ear to ear. "Geraldine!"

The gigantic giraffe reached her in no time, and Jemima threw her arms around Geraldine's neck, laughing with joy.

From that day on, Jemima visited Geraldine every weekend. And though they no longer caused chaos in the city, their bond remained as strong as ever.

Because no matter where Geraldine lived, she would always be Jemima's gigantic giraffe.

Jemima Jones e la gigantesca giraffa

Jemima Jones non era una normale bambina di dieci anni. Mentre la maggior parte dei bambini della sua età passava il tempo a preoccuparsi dei compiti o di quale gusto di gelato scegliere, Jemima aveva problemi molto più grandi da affrontare. Vedete, Jemima aveva una giraffa. E non una giraffa qualunque. Questa giraffa era gigantesca.

Si chiamava Geraldine ed era alta quanto due autobus a due piani impilati l'uno sull'altro. Aveva gambe che sembravano manici di scopa giganti, un collo che poteva raggiungere le nuvole e una testa grande quanto una piccola auto. Avere una gigantesca giraffa sembrava la cosa più bella del mondo, almeno all'inizio. Ma Jemima si rese presto conto che possedere un animale così enorme comportava una serie di sfide.

Tutto iniziò un luminoso sabato mattina quando Jemima stava camminando nel parco con la mamma e il papà. Avevano appena terminato un delizioso picnic quando Jemima notò qualcosa di insolito che spuntava da dietro gli alberi.

"Guarda lì!" esclamò, indicando con eccitazione.

I suoi genitori si voltarono e videro un paio di gambe enormi che torreggiavano sopra le cime degli alberi. Era Geraldine, che masticava pigramente le foglie di un'alta quercia, completamente ignara del trambusto che stava causando.

"Mamma, papà! È una giraffa!" disse Jemima, correndo verso la creatura gigante.

"Jemima, fai attenzione!" le gridò dietro suo padre, ma Jemima era già partita, i suoi piedi battevano il terreno mentre correva più vicina.

Mentre si avvicinava, Geraldine abbassò il suo lungo collo e guardò Jemima con i suoi grandi occhi amichevoli. Le ciglia della giraffa sbatterono e lei emise un suono dolce e curioso.

Jemima non riusciva a credere alla sua fortuna. "Wow, sei bellissima!" sussurrò, allungando una mano per accarezzare il naso di Geraldine.

Prima che se ne rendesse conto, Jemima si era innamorata della giraffa. E, stranamente, anche Geraldine sembrava apprezzare Jemima. Era come se avessero condiviso un legame immediato.

Qualche giorno dopo, Jemima era nella sua stanza, a fare i compiti (o almeno a fingere di farlo), quando sentì uno strano rumore fuori. Guardò fuori dalla finestra della sua camera da letto e sussultò. Geraldine era in piedi nel suo giardino sul retro, a mordicchiare le foglie di un albero.

"Geraldine? Cosa ci fai qui?" disse Jemima, correndo giù per le scale e uscendo dalla porta.

La giraffa guardò Jemima dall'alto in basso e le diede una leggera e amichevole gomitata con la sua enorme testa, come per dire: "Sono qui per te".

Da quel giorno in poi, Geraldine divenne parte della vita di Jemima. La seguiva ovunque, beh, per quanto una gigantesca giraffa potesse fare senza causare troppi problemi. Aspettò fuori dalla scuola di Jemima, sbirciò dalla finestra della sua camera di notte e una volta cercò persino di seguire Jemima al supermercato (anche se non andò molto bene).

Le amiche di Jemima a scuola pensarono che fosse la cosa più bella del mondo. "Hai una giraffa come animale domestico? Impossibile!" ansimò la sua migliore amica Olivia, con gli occhi spalancati dall'incredulità.

"Sì, si chiama Geraldine", disse Jemima orgogliosa, mostrando a Olivia una foto che aveva scattato con il telefono di sua madre. "È enorme, vero?"

"È incredibile! Posso incontrarla?" implorò Olivia.

Jemima sorrise. "Certo! Dopo la scuola oggi, possiamo andare al parco. Le piace molto stare lì."

E così, dopo la scuola, Jemima e Olivia si diressero al parco, dove Geraldine stava aspettando pazientemente, torreggiando sulle altalene e sugli scivoli come una specie di grattacielo a forma di giraffa. I bambini che giocavano lì vicino si fermarono e fissarono, con la mascella che cadeva per lo stupore.

"Wow!" disse un bambino di nome Freddie, indicando Geraldine. "È la giraffa più grande che abbia mai visto!"

Jemima sorrise. "Sì, è davvero fantastica, vero?"

Ma avere una giraffa gigante non era tutto divertimento e giochi. Presto, Jemima scoprì che possedere Geraldine comportava alcuni problemi inaspettati.

Per cominciare, Geraldine aveva un appetito enorme. Riusciva a mangiare le foglie di un albero intero in una sola seduta, e non passò molto tempo prima che il giardino di Jemima sembrasse una zona disastrata. Ogni pianta, cespuglio e albero era stato rosicchiato fino a un mozzicone.

"Jemima!" chiamò sua madre un pomeriggio, con le mani sui fianchi. "Hai visto cosa ha fatto Geraldine al giardino? Sembra che sia passata una mandria di elefanti!"

Jemima si morse il labbro, guardando timidamente il disastro. "Mi dispiace, mamma. Cercherò di impedirle di mangiare tutto."

Ma non era solo il giardino. Le dimensioni enormi di Geraldine la rendevano anche un po' goffa. Un giorno, mentre Jemima la stava accompagnando in città, Geraldine fece accidentalmente cadere un lampione con il collo. Un'altra volta, cercò di passare attraverso uno stretto vicolo e finì per rimanere incastrata tra due edifici.

"Oh no! Geraldine, cosa hai fatto?" gemette Jemima, tirando il collo della giraffa in un vano tentativo di liberarla.

Una folla di persone si radunò intorno, alcune ridevano, altre scattavano foto con i loro telefoni.

"Guarda, mamma! È una giraffa incastrata nel vicolo!" urlò una bambina, indicando eccitata.

Ci vollero un sacco di sforzi e qualche pompiere per far uscire Geraldine dal vicolo quel giorno. Jemima si sentiva malissimo per tutto il caos che avevano causato.

Le cose precipitarono un pomeriggio quando Jemima decise di portare Geraldine a fare una passeggiata nel centro della città. Era una giornata luminosa e soleggiata e Jemima pensò che sarebbe stato bello mostrare a Geraldine qualche nuovo scorcio. Ma mentre passeggiavano per le strade trafficate, accadde qualcosa di inaspettato.

Geraldine notò un grande palloncino legato a un carretto che vendeva gelati. Il palloncino era rosso vivo e aveva la forma di una fragola e Geraldine, essendo la giraffa curiosa che era, pensò che sembrava delizioso. Senza preavviso, allungò il suo lungo collo e cercò di afferrare il palloncino con la bocca.

Pop! Il palloncino scoppiò con un forte botto e Geraldine emise un grido di sorpresa, scattando all'indietro per la sorpresa.

Il suo movimento improvviso fece oscillare il suo enorme collo in tutte le direzioni, rovesciando bancarelle del mercato, rovesciando bidoni e causando un enorme ingorgo mentre le auto si fermavano di colpo per evitare di investire la giraffa confusa.

"Geraldine, no!" gridò Jemima, cercando di calmarla.

Ma era troppo tardi. Geraldine aveva causato un disastro su vasta scala nel centro della città. La gente correva in tutte le direzioni, urlando e agitando le braccia, mentre i negozianti cercavano freneticamente di salvare la loro merce dall'essere calpestata dalla gigantesca giraffa.

Il cuore di Jemima sprofondò mentre osservava il caos dispiegarsi. Amava Geraldine, ma questo era troppo. Non poteva continuare a causare così tanti problemi ovunque andassero.

Quella sera, Jemima era seduta sul suo letto, immersa nei suoi pensieri. Geraldine era fuori, con la testa che spuntava dalla finestra di Jemima, e sembrava innocente come sempre. Jemima allungò la mano e le accarezzò il naso morbido.

"Cosa devo fare con te, Geraldine?" Jemima sospirò.

Per quanto adorasse la sua gigantesca giraffa, Jemima sapeva che le cose non potevano andare avanti così. Geraldine era troppo grande per la loro piccola città. Aveva bisogno di un posto dove poter girovagare liberamente senza creare problemi.

Il giorno dopo, Jemima ebbe un'idea. Disse ai suoi genitori che aveva bisogno di fare un viaggio e, con il loro aiuto, caricarono Geraldine su un camion appositamente modificato e partirono per la campagna.

Dopo un lungo viaggio, arrivarono a una grande riserva naturale. Era un posto pieno di ampi spazi aperti, alberi alti e altri animali con cui Geraldine avrebbe potuto fare amicizia.

Mentre scaricavano Geraldine dal camion, il cuore di Jemima si strinse un po'. Sapeva che era la cosa giusta da fare, ma più di ogni altra cosa le sarebbe mancata la sua giraffa.

"Dai, Geraldine", disse Jemima, guidandola verso l'ingresso della riserva. "Questa è la tua nuova casa ora".

Geraldine si guardò intorno, i suoi grandi occhi scrutavano il vasto paesaggio. Sembrava curiosa, ma anche un po' triste, come se sapesse che lei e Jemima si stavano dicendo addio.

Jemima avvolse le braccia attorno al collo di Geraldine, stringendola forte. "Verrò a trovarti, promesso", sussurrò.

Geraldine si strofinava delicatamente su Jemima, la sua morbida pelliccia le solleticava la guancia. Era come se la giraffa capisse cosa stava succedendo.

Mentre Jemima si allontanava, si voltò e vide Geraldine dirigersi lentamente verso un gruppo di alberi alti in lontananza. La giraffa si fermò per un momento e si voltò a guardare Jemima, come per dire "Grazie".

I giorni che seguirono furono strani per Jemima. Le mancava terribilmente Geraldine, ma sapeva di aver fatto la scelta giusta. La vita era più tranquilla ora, senza lampioni rovesciati o bancarelle distrutte. Ma qualcosa sembrava... vuoto.

Poi, un sabato mattina, i genitori di Jemima la sorpresero con un viaggio speciale. Sarebbero andati a trovare Geraldine alla riserva naturale!

Il cuore di Jemima sussultò per l'eccitazione mentre guidavano verso la campagna. Quando arrivarono, Jemima corse fuori dall'auto e chiamò la sua giraffa.

"Geraldine!" urlò, scrutando i campi aperti.

All'inizio, non c'era traccia di lei. Ma poi, in lontananza, Jemima vide un paio di lunghe gambe familiari che si avvicinavano. Era Geraldine, e stava galoppando verso Jemima con il collo teso e la coda che scodinzolava come un cucciolo eccitato.

Jemima sorrise da un orecchio all'altro. "Geraldine!"

La gigantesca giraffa la raggiunse in un attimo e Jemima le gettò le braccia al collo, ridendo di gioia.

Da quel giorno in poi, Jemima fece visita a Geraldine ogni fine settimana. E sebbene non creassero più caos in città, il loro legame rimase forte come sempre.

Perché non importava dove vivesse Geraldine, sarebbe sempre stata la gigantesca giraffa di Jemima.